Freedom in Christ

그리스도 안에서 자유를 위한
7 steps

항상기도

서문

새로운 사역의 문을 열며

코로나 팬데믹으로 인한 도전으로 우리는 일찍이 경험하지 못한 변화를 겪고 있다. 2000년대 들어 침체를 겪고 있던 한국교회로서는 더욱 힘든 상황이다. 과거의 구태의연한 사역방식을 벗어나 근본적이고도 혁신적으로 전환을 꾀해야 할 것이다.

한국교회는 그동안 제자훈련 사역에 큰 성과를 얻어 부흥과 성장을 이루어내었지만 90년대 이후 새로운 변화에 적절히 대처하지 못하며 소강상태를 면치 못하고 있다. 이제 더는 우물쭈물 안일하게 대처해서는 안 될 일이다. 급작스럽게 몰아닥친 COVID-19 팬데믹 상황에 움츠리기보다 오히려 기회로 삼아 새로운 변혁을 일구어낸다면 전화위복이 될 수 있을것이다. 그간 변화와 개혁에 소극적이었던 안일함을 내어버리고 팬데믹의 충격을 개혁의 동력으로 전환하는 것이 현명한 일이리라. 이참에 주님이 주신 거친 파도를 슬기롭게 타고 넘어 새로운 미래로 나아가야 한다.

이러한 변화의 일환으로 수년 전에 우연히 소개받아 한국화 작업을 진행하여 왔으나 목회적 현실로 인해 집중하여 발전시키지 못했던 닐 앤더슨 박사의 **그리스도 안의 자유** 사역(Freedom in Christ Ministries)을 다시 주목하게 되었다. 코로나 비대면 상황에서 적극적으로 교회사역에 적용하면서 놀라운 은혜와 능력을 경험하게 된 것은 큰 은혜가 아닐 수 없다.

FICM 사역(www.ficminternational.org)은 제자훈련 사역을 혁신적으로 전환했으며 그 내용이 성경적으로 탄탄한 토대를 갖추고 있다. 게다가 지난 30여 년간 여러 나라의 사역 현장에서 검증된 사역이며 유럽과 미국 중심으로 팬데믹 상황에서도 역동적으로 사역을 펼쳐가고 있다. 실제로 교회 사역에 ZOOM을 통한 훈련에 접목해보니, 역동적 영향력과 열매를 누리게 되었다. 발간이 늦어져 국제본부 측에 송구하던 터에, 용기를 내어 지난 수년 동안 운영 경험을 토대로 프로그램을 새롭게 보완 수정하여 우선적으로 두 권의 중요한 교재(**그리스도 안의 자유** 참가자 가이드, ***그리스도 안에서 자유를 위한 7 steps***)를 발간하게 되었다. 함께 웍샵하며 수정 보완하고 애써온 아름드리교회 동역자들에게 깊은 고마움을 표한다. 그들의 창의적 아이디어와 협력이 없었다면 이 교재들은 빛을 보지 못했을 것이다. 아울러 함께 과정을 이수하고 피드백을 주었던 아름드리교회 성도들에게도 이 자리를 빌려서 감사의 말씀을 드린다. 모쪼록 이 사역을 통해 팬데믹 상황에 어려움을 겪고 있는 한국교회와 성도들이 풍성한 은혜와 유익을 누리게 되기를 간절히 소망한다.

FICM Korea 대표

아름드리교회 이재천 목사

서문

교재 내용과 목적

본 과정은 **그리스도 안의 자유** 과정 참가자 가이드 안에 포함되어 개인의 영적 상태를 진단하고 점검하는 도구이자 영적전투 목적으로 만들어졌다. 이를 통해 영적인 여러 장애와 방해와 공격을 극복하고 열매맺는 제자로서 성장해 갈 수 있는 토대를 마련하게 될 것이다.

영적 성숙을 향해 나아가려면 영적전투를 통해 진리를 기초로 하는 믿음생활을 확립해 나아가야 한다. 마음을 새롭게 하고 부정적인 사고와 잘못된 행동방식을 끊어내는 것이 영적 전투의 핵심이라고 할 수 있는데, 이는 거짓을 포기하고, 진리를 믿기로 선택하며 선포하는 진리대결 방식이 효과적임이 확인되었다.

이 과정을 이수하며 실행하는 분들은 아래와 같은 유익을 누리게 될 것이다.

1. 기존 신자들이나 새로운 신자들 누구나에게 영적 쇄신을 통한 성령 안에서의 자유와 치유를 경험하게 될 것이다.

2. 영적 성장을 가로막고 있었던 장애물과 상처와 눌림들을 시원하게 해결해 주는 성경적 원리를 익히고 습득하게 될 것이다.

3. 성경의 진리에 근거한 기도문 선포를 통해 잘못된 신앙습성과 속박에서 벗어나 그리스도안에서의 자유와 굳건한 믿음을 쌓아가는 여정으로 인도할 것이다.

4. 왜곡된 사고패턴, 잘못된 행동패턴, 영적갈등, 소망없음 등의 고질적 문제를 극복하는 여정을 통해 그리스도안에서의 평강과 은혜를 체험하며 생명력을 얻는 경험하게 될 것이다.

목차

기도와 선포	8
Step 1 : 거짓 드러내기	10
Step 2 : 진리 선택하기	18
나의 아버지 하나님은…	22
진리 선언문	24
Step 3 : 상한 마음 풀기	26
Step 4 : 1. 염려	30
두려움	34
2. 하나님의 권위에 순복하기	37
Step 5 : 하나님 의지하기	39
편견과 아집 다루기	40
Step 6 : 사슬 끊기	42
성적 부도덕 끊기	43
Step 7 : 새로운 피조물로 살기	47
그리스도 안에서 나는 누구인가?	49
내가 승리할 수밖에 없는 20가지 이유	51
FICM(Freedom in Christ Ministries) 사역 소개	58
닐 앤더슨의 주요저서	59

그리스도 안에서 자유를 위한 7 steps를 시작하는 기도와 선포

- **기도**

사랑하는 하나님 아버지,

당신께서 우리 삶 속에 임재하고 계실 뿐만 아니라 또한 이곳, 이 자리에 지금 함께하고 계심을 믿습니다. 오직 당신만이 모든 것을 다 아시며, 모든 것을 다 하실 수 있으시며, 어제도 오늘도 또한 영원히 살아계십니다.

우리는 당신을 떠나서는 아무것도 할 수 없습니다. 우리는 당신을 온전히 의지합니다. 우리는 부활하신 예수 그리스도께서 하늘과 땅의 모든 권세를 받으셨고, 우리는 그분 안에 있음을 믿습니다. 그래서 우리에게 모든 민족들로 제자 삼고, 묶이고 억눌린 자들을 자유케 할 수 있는 권세가 이미 주어졌다는 진리를 받아들입니다. 지금 이 시간 거룩한 성령님께서 우리에게 충만하게 임하셔서 우리를 모든 진리 가운데로 인도해 주시옵소서. 우리를 온전하게 지켜 보호하여 주시옵소서.

예수님의 이름으로 기도드립니다. 아멘

• **선포**

우리 주 예수 그리스도의 이름과 권세로 명한다!

사탄아! 모든 더러운 거짓의 영들아!

너희들은 나 _____에게서 이 시간 완전히 떠나갈지어다!

너희들은 나 _____이(가) 하나님의 뜻을 알고 또한 그것을 선택하는 것을 방해할 수 없다!

우리는 하나님의 자녀로서 그리스도와 하늘의 보좌에 함께 앉혀진 자들이다.

우리 주 예수 그리스도의 모든 대적들은 묶일지어다! 잠잠할지어다!

사탄아! 모든 악한 영들아!

너희들은 나 _____의 삶 가운데 하나님의 뜻이 성취되는 것을 방해할 수 없고,

어떠한 상함도 줄 수 없다! 나 _____은(는) 하나님께 온전히 속한 자이다!

그러므로 너희들은 나에게 가까이 올 수조차 없다!

Step1

거짓 드러내기
가짜 vs 진짜

• **들어가는 기도**

사랑하는 하나님 아버지!
제가 인식하였든지, 인식하지 못하였든지 간에 그동안 어떤 주술적인 제사 행사, 점, 굿 또는 무속신앙, 사이비 이단 등의 비기독교적 가르침과 행사에 관련된 적이 있었다면 어떤 것이라도 지금 모두 생각날 수 있도록 도와주시길 기도합니다.
지금 이 시간 그러한 모든 사교적 가르침과 행위들을 단호히 대적하고 거부함으로써 주님께서 주시는 자유를 이제 누리기를 원합니다.
예수 그리스도의 이름으로 기도합니다. 아멘

※ 비기독교적 영적 경험 목록 (당신과 관련된 모든 것들에 V 하라)

☐신체 부양　☐주문들 혹은 저주들 외우기　☐부적　☐최면술　☐강령술
☐별자리　☐타로카드　☐손금　☐관상　☐사주보기
☐궁합　☐작명　☐풍수　☐텔레파시　☐분신사마
☐굿　☐제사　☐마술　☐초월명상　☐조상숭배
☐샤머니즘　☐UFO 추종　☐장례식 절　☐기공, 기 치료　☐단전호흡
☐미신(운세보기, 새해 소원빌기, 돌탑쌓기 등)

※ 타종교 (당신과 관련된 모든 것들에 V 하라)

☐불교　☐힌두교　☐이슬람교　☐종교적 요가　☐뉴에이지
☐천리교　☐유교　☐증산교　☐도교　☐원불교
☐창가학회(남묘호랑계교)　☐라에리안 운동

※ 이교, 이단 종파들 (당신과 관련된 모든 것들에 V 하라)

☐통일교　☐몰몬교　☐여호와의 증인　☐신천지　☐JMS
☐하나님의 교회　☐구원파(IYF)　☐프리메이슨　☐크리스찬 사이언스　☐유니테리안
☐영생교　☐천부교(박태선)　☐애천교　☐기쁜소식 선교회　☐안식교
☐만민중앙교회　☐베뢰아 아카데미

◎ **고백의 기도**

주 하나님!

제가 _____(활동)에 참여한 적이 있었음을 고백하고 회개합니다.

_____(활동)을 물리칩니다!

저의 삶 가운데 이것 때문에 초래된 모든 더럽고 악한 영향력을 완전히 끊어주시옵소서!

그 흉악한 죄로부터 자유케하시며 용서해주셔서 감사합니다.

예수 그리스도 이름으로 기도드립니다. 아멘

• 자유를 위한 도움을 주는 질문들

1. 하나님께서 다음과 같이 당신의 마음에 떠올리게 하는 것들이 있다면 열거하라. 당신이 보거나 들은 것들(영화, TV, 음악, 책, 잡지, 혹은 만화 등) 중에 특별히 마귀를 찬양하였거나, 두려움이나 악몽들을 일으킨 것이 있었는가? 혹은 소름 끼치게 난폭하였거나, 육적인 것을 자극하는 것들이 있는가?

   _____

2. 당신은 자신의 방에서 영적인 존재들을 보거나 듣거나 느껴본 적이 있는가?

   _____

3. 당신은 반복적인 악몽을 꾸는가? 특별히 그에 따른 어떤 두려움이 있다면 자유의 기도를 드리라.

   _____

4. 당신은 자신을 인도해 주거나, 친구가 되어주는 상상 속의 친구, 영의 인도자, 혹은 천사를 만난 경험이 있는가? 만일 그것이 이름을 가지고 있다면, 그 이름을 지명하면서 자유의 기도를 드리라.

   _____

5. 당신은 외계인이라고 생각되는 존재들을 보거나 접촉해 본 일이 있는가?

   _____

6. 당신은 비밀스러운 맹세나 약속, 또는 협정(부정적 내적인 다짐, 예를 들자면 '나는 절대로 ~는 안 할 거야' 등을 맺은 적이 있는가?

   _____

7. 당신은 어떤 종류이든 사탄적인 의식 혹은 제의에 연루되거나, 사탄이 숭배되는 콘서트나 공연 등에 참여해 본 적이 있는가?

_____

8. 당신은 기타 영적인 경험들로써 사악하거나, 혼란케 하거나, 놀라게 하는 것들을 경험한 적이 있는가?

_____

※ 도움을 주는 질문들에 답을 했다면, 각각에 대해 '자유의 기도'를 드리라.

◎ **자유의 기도**
주 하나님!
제가 _____ 행위들에 동참했음을 진심으로 회개합니다.
그것들이 당신의 눈에는 정말 악하며 역겨운 행위였음을 알게 되었습니다.
이제 더 이상 이러한 잘못된 행위를 하지 않겠습니다. 저를 용서해주셔서 감사합니다.
그 잘못된 행위로 인해 사탄이 또다시 틈타서 나의 삶에 들어올 수 없음을 선포합니다.
예수 그리스도의 이름으로 기도드립니다. 아멘

• 생각을 자유케 하기

당신은 자신의 마음속에 다음과 같은 반복적으로 괴롭게 하는 내적 음성을 들은 적이 있는가? "나는 바보 같다, 나는 멍청이다, 나는 추하다, 아무도 나를 사랑하지 않는다, 나는 아무것도 제대로 해낼 수 없다, 난 구제 불능이다, 난 늘 그런 식이야" 이런 종류의 음성이 있다면, 구체적으로 열거해 보라.

그리고 '반복적으로 떠나지 않는 생각에 대한 특별기도'를 드리라.

나는 _____

나는 _____

나는 _____

나는 _____

나는 _____

◎ 반복적으로 떠나지 않는 생각에 대한 특별 기도

주 하나님!
저의 마음속에서 일어나는 _____ 라는 목소리와 생각에 저도 모르게 주의를 기울였음을 고백합니다.
머릿속에서 떠나지 않고 끊임없이 되뇌어져서 힘들게 하여 낙심하고 좌절하게 하는 모든 이러한 부정적인 말들과 정죄하는 말들에 대해 저는 무심코 동의해왔습니다. 그러나 그 말들과 생각들은 지금 제가 믿기로 선택한 주님의 진리와는 너무나 다릅니다. 주님 저를 용서하여 주시옵소서!
더 이상 그러한 목소리와 생각에 주의를 기울이지 않을 수 있게 도와주옵소서!
예수 그리스도 이름으로 기도드립니다. 아멘

• 숨겨진 우상숭배로부터의 자유를 위한 기도

◎ 숨겨진 우상숭배로부터의 자유를 위한 기도

주 하나님,
제가 얼마나 쉽게 다른 것들과 사람들을 주님 당신보다 더 중요한 것으로 생각하고 받아들였는지요.
'나 이외에 다른 신을 두지 말라'고 명령하신 거룩하신 주님 앞에 저의 그러한 잘못을 회개합니다.
주님, 저는 온 마음과 온 뜻과 온 정성을 다해 당신을 사랑하지 못했음을 고백합니다.
주님께서 명령하신 십계명 중 첫 계명이자 가장 큰 계명을 지키지 못했습니다. 주님 저를 용서하여 주옵소서. 주님 이제는 우상숭배로부터 완전히 떠나, 저의 첫사랑이신 주 예수님께 온전히 돌이키기를 원합니다.
저의 삶에서 제가 깨닫지 못하는 또 다른 우상이 아직 남아있다면 어떠한 것이라도 저의 마음속에 드러나 알 수 있게 해주십시오. 제 삶에서 사탄에게 빌미를 주는 모든 우상들을 이제 완전히 물리치고 거부하기로 결단합니다.
진리이신 예수 그리스도의 이름으로 기도합니다. 아멘

당신에게 있어서 하나님보다 더 사랑하며, 하나님보다 더 중요하게 여기는 것은 무엇인가?
하나님께서 깨닫게 해주실 것을 구하며, 아래의 목록 중 해당하는 것들에 V 하라.

※ 우상 (당신과 관련된 모든 것들에 V 하라)

□야망	□외모/이미지	□음식	□일	□돈/부/소유
□분주함/활동	□컴퓨터 게임	□인터넷서핑	□도박	□경마
□스마트폰	□동성 혹은 이성	□자녀	□재정적 안전	□능력/권력
□연예인/운동선수	□인기	□교회 활동	□배우자	□TV/영화/음악/대중문화
□지식	□스포츠	□취미	□재미/오락	□부모
□율법주의	□몸과 건강	□탐욕	□음란	□사역

◎ 우선순위 회복을 위한 기도

주님, 저는 _____(사람 혹은 세상의 어떤 것)을/를 주님보다 더 중요하게 여겨왔습니다.
저는 이 잘못된 우상숭배를 이제 물리치기를 원합니다. 저는 이제 오직 주님만 경배하기로 결단합니다. 하나님 아버지! _____(우상의 이름)의 영역으로부터 저의 삶이 이제 전혀 상관이 없도록 도와주옵소서.
예수님의 이름으로 기도합니다. 아멘

- **무속 종교로부터 자유**

만일 사탄 숭배 의식이나 무속신앙에 깊이 관여한 적이 있다면(혹은 기억이 전혀 나지 않는 기간이 있다든지, 악몽을 심하게 꾼다든지, 성적 역기능이나 성적 굴레에 묶여 있기 때문에 이 점이 의심된다면), 다음에 나오는 사탄 숭배 의식 명세서를 큰 소리로 선포하도록 하자.
우선 왼쪽에 있는 '흑암의 나라' 란에 있는 항목 중 첫 번째 것을 포기 선언을 한 다음 '빛의 나라' 란에 있는 첫 번째 진리를 선포하라.
이런 식으로 명세서를 끝까지 계속해 나가도록 하라.

- **빛의 선포**

흑암의 나라	빛의 나라
무당, 절, 사교 등에 넘겨지도록 내 이름을 서명(혹은 누군가 내 이름을 서명) 했던 것에 대해 나는 예수 그리스도의 이름으로 폐기를 선포한다!	지금 내 이름은 어린양의 생명책에 기록되어 있다!
나를 귀신에 속한 자로 만들었을지도 모를 모든 제의에 대해 나는 예수 그리스도의 이름으로 폐기를 선포한다!	나는 예수 그리스도의 신부이다!
마귀나 악한 영과 맺은 모든 계약과 약속에 대해 나는 예수 그리스도의 이름으로 폐기를 선포한다!	나는 예수 그리스도의 새 언약에 참여한 자이다!
악한 영들이 나의 인생(의무, 결혼, 자녀)에 개입하여 짐지게 한 모든 임무들에 대해 나는 예수 그리스도의 이름으로 폐기를 선포한다!	나는 내 삶에서 오직 예수 그리스도의 인도함만을 받을 것이며, 하나님의 뜻만을 행하기로 결단한다!
나에게 연결된 모든 악한 영들의 지시를 나는 예수 그리스도의 이름으로 폐기를 선포한다!	나는 오직 성령님의 인도만을 받을 것이다!

악한 영들과 피로 서약한 것을 나는 예수 그리스도의 이름으로 폐기를 선포한다!	나는 나의 주 예수 그리스도의 보혈만을 의지할 것이다!
사교의 제의에 참여하여 제사 음식을 먹었던 것에 대해 나는 예수 그리스도의 이름으로 폐기를 선포한다!	주 예수 그리스도의 몸과 보혈로 대표되는 성만찬을 나는 믿음으로 받아들인다!
내가 예수 그리스도의 이름으로 선포하노니, 악한 영들이 나의 보호자나 영적 부모가 절대 될 수 없다!	하나님이 나의 아버지시고 성령님이 내 삶의 보호자되심을 나는 선언한다!
나는 악한 영이 주는 모든 정체성에 대해 예수 그리스도의 이름으로 폐기를 선포한다!	나는 예수 그리스도 안에서 세례를 받았고, 지금 나의 정체성은 그리스도 안에 있다!
내 이름이 마귀의 제의에 드려진 것 때문에 마귀가 나에 대한 주권을 가지고 있다는 모든 흉악한 주장에 대해 나는 예수 그리스도의 이름으로 폐기를 선포한다.	오직 예수님의 희생의 제사만이 나를 주장한다! 나는 예수 그리스도의 것이다. 어린 양의 피 값으로 나를 사셨다!

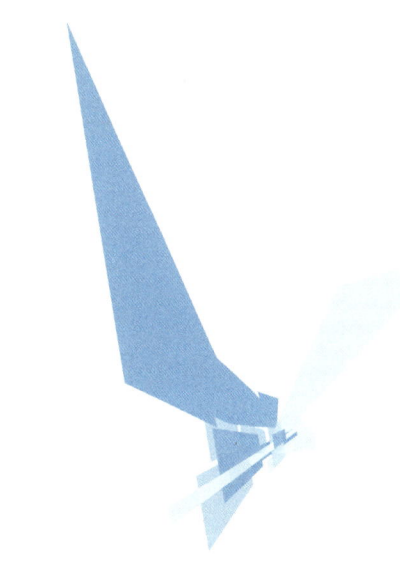

Step2

진리 선택하기
거짓 생각 vs 진리

• 들어가는 기도

사랑하는 하나님 아버지,

주님께서 제가 진리를 알고, 진리를 믿고, 진리를 선포하고, 진리에 따라 살아가길 원하시는 것을 압니다. 저를 자유케하는 그 진리로 인해 감사드립니다.

주님, 저는 지금까지 여러모로 거짓의 아비인 사탄으로부터 많은 속임을 당해왔습니다. 저는 제 자신도 속여 왔습니다. 저를 불쌍히 여겨주소서.

예수 그리스도께서 십자가에서 흘리신 그 보혈의 능력과 부활의 능력을 의지함으로 명하노니, 모든 속이는 거짓의 영들은 떠나갈지어다.

예수 그리스도만이 나를 구원하셨으며, 나는 그리스도 안에서 주님의 용서받은 자녀입니다.

그러므로 주님께서 내 모습 이대로 이미 받으셨기 때문에, 이제는 더 이상 나의 죄에 대해 숨기지 않고 자유함 가운데 직면할 수 있습니다.

성령님! 저를 주님의 진리 안으로 온전히 인도해주시길 구합니다. 하나님이여 나를 살피사 내 마음을 아시며 나를 시험하사 내 뜻을 아옵소서. 내게 무슨 악한 행위가 있나 보시고 나를 영원한 길로 인도하소서. (시139:23-24)

예수 그리스도의 이름으로 기도드립니다. 아멘

※ 세상의 속임 (당신과 관련된 모든 것들에 V 하라)
- ☐ 돈과 물질이 영속적인 행복을 가져다줄 것이라는 믿음
  (마13:22; 딤전6:10)
- ☐ 과도한 음식과 술이 스트레스를 해소시켜주고 행복하게 해 줄 수 있다는 믿음
  (잠20:1; 23:19-21)
- ☐ 매력적인 몸매 혹은 개성이 원하는 것을 얻게 해 준다는 믿음
  (잠31:10; 벧전3:3-4)

☐ 성적인 정욕을 채우는 것이 영속적인 만족을 줄 것이라는 믿음
   (엡4:22; 벧전2:11)

☐ 죄를 짓고도 그에 따른 부정적인 영향 없이 살아갈 수 있다는 믿음
   (히3:12-13)

☐ 하나님께서 그리스도 안에서 내게 주신 것보다 더 많은 것들이 필요하다는 믿음
   (고후11:2-4, 13-15)

☐ 원하는 것은 무엇이든지 할 수 있으며 아무도 나를 상관할 수 없다는 믿음
   (잠16:18; 옵3; 벧전5:5)

☐ 그리스도를 영접하지 않는 사람도 천국에 갈 수 있다는 믿음
   (고전6:9-11)

☐ 나쁜 친구들과 사귀어도 이로 인해 타락하지 않을 것이라는 믿음
   (고전15:33-34)

☐ 뭐든지 읽거나, 보거나, 들을 수 있으며 이로 인해 부정적인 영향을 받지 않을 것이라는 믿음
   (잠4:23-27; 6:27-28; 마5:28)

☐ 이 세상에서 나의 죄로 인한 아무런 결과가 없을 것이라는 믿음
   (갈6:7-8)

☐ 행복해지기 위해 어떤 특정한 사람의 인정을 받아야 한다는 믿음
   (갈1:10)

☐ 하나님께서 나를 받아주시기 위해서 어느 종교적 기준에 도달해야 한다는 믿음
   (갈3:2-3; 5:1)

☐ 세상에는 하나님께 갈 수 있는 많은 방법이 있고, 예수님은 그중의 하나일 뿐이라는 믿음
   (요14:6)

☐ 나 자신에 대해 자부심을 가지기 위해서는 세상적인 기준에 맞추어 살아야 한다는 믿음
   (벧전2:1-12)

◎ **선택의 기도**

하나님, 저는 _____에 의해 속임을 당해왔음을 고백하며 회개합니다. 주님의 용서하심으로 인해 감사드립니다. 이제는 오직 주님의 진리만을 알고, 믿고, 따르기로 결단합니다. 예수님의 이름으로 기도합니다. 아멘!

※ 자기 기만 (당신과 관련된 모든 것들에 V 하라)
  □ 하나님의 말씀을 듣기만 하고 말씀대로 행하지 않음 (약1:22)
  □ 자신에게 전혀 죄가 없다고 말함 (요일1:8)
  □ 실제로는 그렇지 않으면서 자신을 대단하다고 생각함 (갈6:3)
  □ 이 세속적인 세대에서 자신을 지혜롭다고 생각함 (고전3:18-19)
  □ 자신은 참으로 경건하다고 말하면서도 언어생활을 조심하지 않음 (약1:26)
  □ 불의한 자가 하나님 나라를 유업으로 받을 것이라고 생각함 (고전6:9)

◎ **선택의 기도**
하나님, 저는 _____ 으로 스스로 속여왔음을 고백하며 회개합니다. 주님의 용서하심으로 인해 감사드립니다. 이제는 오직 주님의 진리만을 알고, 믿고, 따르기로 결단합니다. 예수님의 이름으로 기도합니다. 아멘

※ 자기 방어 (당신과 관련된 모든 것들에 V 하라)
  □ 의식적으로든 무의식적으로든 현실을 부인함
  □ 현실세계로부터 환상으로 도피함(TV, 영화, 음악, 컴퓨터게임, 마약, 술 등)
  □ 거부당하는 것이 싫어서 사람들을 피하고 멀리하는 감정적 고립
  □ 덜 위협적인 과거의 시점으로 돌아가는 퇴행
  □ 좌절감, 분노 등을 다른 사람에게 돌리는 전이
  □ 자신의 문제들을 투사하여 다른 사람을 비난
  □ 자신의 잘못된 행동에 대해 핑계를 대며 변명하는 합리화
  □ 자신의 거짓 이미지를 만들어 내는 거짓말

◎ **선택의 기도**
하나님, 저는 _____ 을 통해 저 스스로를 왜곡되게 방어해 왔음을 고백하며 회개합니다. 주님의 용서하심으로 인해 감사드립니다. 이제는 주님께서 저를 지키시며, 보호해주실 것을 믿음으로 받아들입니다. 예수님의 이름으로 기도합니다. 아멘

• 하나님 아버지에 대한 진리

때때로 우리는 하나님 아버지에 관한 거짓말 때문에 하나님과 함께 하는 인생 여정에 많은 방해를 받는다. 이후 이어지는 선포들은 그런 거짓말들을 끊고 하나님 아버지와 친밀한 관계를 경험하도록 도움을 줄 것이다.

나의 아버지 하나님은...

(   ) 나의 아버지 하나님은 나로부터 멀리 계시고, 나에게 무관심하다는 거짓을 나는 거부한다.

(   ) 나의 아버지 하나님은 나와 친밀하게 함께 하고 계시고, 나에게 미래와 소망을 주기 위한 계획을 갖고 계시며, 선한 일을 위해 미리 나를 구체적으로 준비하게 하시는 분이시라는 진리를 나는 기쁨으로 받아들인다. (시139:1-18; 마28:20; 렘29:11; 엡2:10)

(   ) 나의 아버지 하나님은 나에게 무감각하시고, 나를 모르시며, 돌보시지 않는다는 거짓을 나는 거부한다.

(   ) 나의 아버지 하나님은 나와 공감하시고, 나를 긍휼로 대하시며, 나에 대해 모르는 것이 없으시다는 진리를 나는 기쁨으로 받아들인다. (시103:8-14; 요일3:1-3; 히4:12-13)

(   ) 나의 아버지 하나님은 나에게 엄하시고, 나에게 불가능한 기대수준을 갖고 계시는 분이라는 거짓을 나는 거부한다.

(   ) 나의 아버지 하나님은 나를 기꺼이 받아주시며, 나를 기쁜 마음으로 지지해 주신다는 진리를 나는 기쁨으로 받아들인다. (롬5:8-11; 15:7; 습3:17)

(   ) 나의 아버지 하나님은 나에게 소극적이시고, 나에게 냉담하시다는 거짓을 나는 거부한다.

(   ) 나의 아버지 하나님은 나를 따뜻하게 대하시며, 나를 애정으로 돌보신다는 진리를 나는 기쁨으로 받아들인다. (사40:11; 호11:3-4)

(   ) 나의 아버지 하나님은 내 옆에 있어주실 수 없고, 나 같은 사람에게 신경 쓰기에는 너무 바쁘신 분이라는 거짓을 나는 거부한다.

(   ) 나의 아버지 하나님은 언제나 나와 함께 하시며, 결코 나를 떠나지도 버리지도 않으시고, 내 존재를 창조하신 목적에 맞게 살아가도록 도우시는 분이라는 진리를 나는 기쁨으로 받아들인다. (빌1:6; 히13:5)

(   ) 나의 아버지 하나님은 나를 참아주지 않으시거나, 화를 내시고, 내가 하는 일에 대해 만족하시지 않는 분이라는 거짓을 나는 거부한다.

(   ) 나의 아버지 하나님은 나에게 화내시기를 더디 하시고, 참고 기다리시며, 나를 훈육하실 때는 못마땅해서가 아니라 사랑하시기 때문이라는 진리를 나는 기쁨으로 받아들인다. (출34:6; 롬2:4; 히12:5-11)

(　) 나의 아버지 하나님은 나에게 짓궂고, 잔인하며, 나를 학대하시는 분이라는 거짓을 나는 거부한다.

(　) 나는 사탄이야말로 심술궂고 잔인하며 나를 모욕하는 존재라는 사실과 아버지 하나님은 사랑과 온유함으로 대하시고, 보호해 주시는 분이라는 진리를 기쁨으로 받아들인다. (시18:2; 마11:28-30; 엡6:10-18)

(　) 나의 아버지 하나님은 내 삶의 모든 재미와 즐거움을 빼앗아가는 분이라는 거짓을 나는 거부한다.

(　) 나의 아버지 하나님은 인생을 지으신 분이시고, 내가 하나님의 영으로 충만하기를 선택할 때 나에게 사랑과 기쁨, 평안으로 채워주시는 분이라는 진리를 나는 기쁨으로 받아들인다. (애3:22-23; 갈5:22-24)

(　) 나의 아버지 하나님은 나를 통제하거나, 조작하려 한다는 거짓을 나는 거부한다.

(　) 나의 아버지 하나님은 나를 자유케 하신 분이며, 스스로 선택하여 그분의 은혜 안에서 자라가는 자유를 허락하시는 분이라는 진리를 나는 기쁨으로 받아들인다. (갈5:1; 히4:15-16)

(　) 나의 아버지 하나님은 나를 정죄하고, 더 이상 용서하지 않으신다는 거짓을 나는 거부한다.

(　) 나의 아버지 하나님은 나의 모든 죄악을 용서하셨고, 앞으로도 그 죄를 기억하지 않으신다는 진리를 나는 기쁨으로 받아들인다. (렘31:31-34; 롬8:1)

(　) 나의 아버지 하나님은 내가 제대로 살아가지 못하거나 죄를 지을 때마다 나의 흠과 트집을 잡아내시는 분이라는 거짓을 나는 거부한다.

(　) 나의 아버지 하나님은 나를 인내로써 대하시며, 내가 죄에 넘어질 때마다 나를 정결케 하시는 분이라는 진리를 나는 기쁨으로 받아들인다. (잠24:16; 요일1:7-2:2)

나는 하나님께서 눈동자같이 지키시는 자(the apple of his eye)이다. (신32:9-11)

진리 선언문

초대교회부터 그리스도인들은 자신들이 믿는 것을 공개적으로 선언하는 것의 중요성을 알아왔다. 먼저 다음의 진리 선언문을 읽으면서 숙지하는 시간을 갖고 이어 소리내어 선포하도록 하자. 이 과정을 통해 당신이 믿고 있었던 거짓말을 진리로 대체하며 당신의 영혼이 진리로 채워지는 것을 경험할 것이다.

1. 나는 유일하시고 참되시며 살아계신 하나님이 존재하시고, 그분은 성부, 성자, 성령으로 즉 삼위일체로 존재하신다는 것을 믿는다. 그분은 모든 만물을 만드시고 붙들고 다스리고 계시며, 존귀와 찬양과 영광을 받으시기에 합당하신 분이시다. (출20:2-3; 골1:16-17)

2. 나는 예수 그리스도가 메시야이시며, 육신이 되셔서 우리 가운데 거하시는 말씀임을 믿는다. 나는 예수님께서 마귀의 모든 일들을 멸하려 오셨음을 믿으며, 십자가를 통해 정사와 권세를 무장해제 시키시고 밝히 드러내셔서 승리하셨음을 믿는다. (요1:1,14; 골2:15; 요일3:8)

3. 나는 내가 아직 죄인 되었을 때 그리스도께서 나를 위하여 죽으심으로써 하나님께서 나에 대한 자신의 사랑을 보여주셨음을 믿는다. 나는 그리스도께서 나를 어둠의 권세에서 건져내어 자신의 나라로 옮기셨고, 그리스도 안에서 구속받고 용서받았음을 믿는다. (롬5:8; 골1:13-14)

4. 나는 내가 하나님의 자녀이며, 그리스도와 함께 하늘에 앉아있음을 믿는다. 나는 내가 믿음으로 말미암아 하나님의 은혜로 구원받았으며, 이것은 나 자신의 어떠한 행위나 공로의 결과가 아니라 하나님의 선물이라는 것을 믿는다. (엡2:6, 8-9; 요일3:1-3)

5. 나는 주 안에서와 그 힘의 능력으로 강하여질 것을 선택한다. 나의 싸움의 무기는 육체에 속한 것이 아니라 **견고한 요새**들을 파하는 하늘의 능력이므로 육체를 신뢰하지 않는다. 나는 하나님의 전신갑주를 입고, 믿음으로 견고하게 서서 악한 자인 사탄을 대적하기로 결단한다. (엡6:10-20; 고후10:4; 빌3:3)

6. 나는 그리스도를 떠나서는 아무것도 할 수 없음을 믿는다. 따라서 나는 그리스도만 의지할 것을 선언한다. 나는 많은 열매를 맺어 하나님을 영화롭게 하기 위해 그리스도 안에 거할 것을 선택한다. 나는 사탄에게 예수님이 나의 주인이심을 선포한다. 그리고 내 삶 속에서 사탄의 모든

거짓 은사들이나 역사들을 철저히 거부한다. (요15:5, 8; 고전12:3)

7. 나는 진리가 나를 자유롭게 한다는 것과 예수께서 진리이심을 믿는다. 나는 빛 가운데 살아가는 것이 하나님과 사람들과의 참된 교제의 유일한 길임을 믿는다. 그러므로 나는 성경이 진리와 생명을 위한 유일한 권위와 표준임을 선포하며, 모든 생각을 사로잡아 그리스도께 복종시킴으로써 사탄의 모든 속임수를 대적할 것을 선언한다. (요8:32, 36, 14:6; 고후10:5; 딤후3:15-17; 요일1:3-7)

8. 나는 나의 몸을 의의 병기요, 거룩한 산 제사로 하나님께 드리기로 선택한다. 나는 하나님의 뜻은 선하고 온전하며 용납할 만하다는 사실을 증명하기 위해 살아있는 말씀으로 내 마음을 새롭게 하기로 선택한다. 나는 악한 행습을 가진 나의 옛사람을 벗어버리고 새사람을 입기로 선택한다. 나는 내 자신이 그리스도 안에서 새로운 피조물이 되었음을 선포한다. (롬6:13, 12:1-2; 고후5:17; 골3:9-10)

9. 나는 내가 육체의 소욕을 좇지 않고 죄를 짓지 않을 수 있도록 하나님 아버지께서 성령으로 나를 채워주시고, 모든 진리 가운데로 인도해 주시며, 나의 삶에 능력을 덧입혀 주실 것을 구한다. 나는 나의 육체를 십자가에 못 박고, 성령으로 행할 것을 선택한다. (요16:13; 갈5:16, 24; 엡5:18)

10. 나는 모든 이기적인 목적들을 포기하며, 사랑이라는 궁극적인 목적을 선택한다. 나는 가장 큰 두 가지 계명, 즉 나의 하나님 여호와를 마음과 뜻과 정성을 다해 사랑하고, 내 이웃을 내 몸처럼 사랑하라는 계명에 순종할 것을 선택한다. (마22:37-39; 딤전1:5)

11. 나는 예수님께서 하늘과 땅의 모든 권세를 가지고 계시다는 것과 모든 정사와 권세의 머리가 되신다는 것을 믿는다. 나는 이제 그리스도의 몸의 한 지체이므로 사탄과 그의 귀신들이 그리스도 안에서 내게 복종한다는 것을 믿는다. 따라서 나는 하나님께 순복하고 마귀를 대적하라는 명령에 순종하여, 예수 그리스도의 이름으로 사탄에게 명하노니 내 곁을 떠나갈지어다. (마28:18; 엡1:19-23; 골2:10; 약4:7)

Step3
상한 마음 풀기
상한 마음 vs 용서

• 들어가는 기도

사랑하는 하나님 아버지, 저를 향한 주님의 넘치는 인자하심과 용납하심과 인내하심으로 인해 감사드립니다. 주님의 그 자비하심으로 인해 저는 회개하는 마음을 가지게 되었습니다.

그러나 저에게 상처를 입히며, 힘들게 한 사람들에 대해서는 당신의 그 온유와 자비함으로 다가가지 못했습니다. 도리어 제 마음에 그들을 향한 분노와 비통함, 그리고 원망을 품어 왔습니다. (롬2:4)

주님 이 시간에 간구합니다. 제가 아직 이렇게 용서치 못하고 있는 모든 사람들이 마음에 떠오르게 해주십시오. 예수님의 이름으로 기도합니다. 아멘

1. 용서하기

• 용서에 관한 원리

1. 용서는 잊어버리는 것이 아니다.
2. 용서는 용서하겠다는 감정이 들 때까지 기다려서 이루어가는 것이 아니다.
3. 용서는 선택이며, 의지적 결단이다.
4. 용서는 다른 사람이 자신에게 저지른 죄의 결과로 인한 피해와 손실을 주님 안에서 감당하며 살아갈 것을 동의하는 것이다.
5. 용서는 마음의 중심으로부터 이루어가야 한다.
6. 용서는 앞으로 그 사람의 죄를 빌미로 그 사람을 대적하지 않기로 선택하는 것이다.
7. 용서는 결단하고 기도하며 상대를 축복하기까지의 과정이다.

용서해야 할 사람	용서해야 할 내용
_____	_____
_____	_____
_____	_____

◎ **선택의 기도**

하나님, 저는 _____가 제게 _____ 한 것을 용서하기로 선택합니다.
(그 사람이 준 상처라든지, 고통스러운 기억 또는 느낌들에 대해 구체적으로 진술하라)
그래서 하나님, 저는 더 이상 원한을 지니지 않기로 선택합니다. 주님께서 나의 쓴 마음의 속박으로부터 자유하게 하심을 인해 감사드립니다. 저는 복수할 권리를 포기하며, 주님께서 저의 상한 감정들을 치료해주시기를 간구합니다. 저는 지금 주님께서 _____ 를 축복해 주시기를 기도합니다.
예수님의 이름으로 기도합니다. 아멘

2. 용서받기

2-1 용서를 구하는 동기

"그러므로 예물을 제단에 드리려다가 거기서 네 형제에게 원망들을 만한 일이 있는 것이 생각나거든 예물을 제단 앞에 두고 먼저 가서 형제와 화목하고 그 후에 와서 예물을 드리라 너를 고발하는 자와 함께 길에 있을 때에 급히 화해하라 그 고발하는 자가 너를 재판관에게 내어 주고 재판관이 옥리에게 내어 주어 옥에 가둘까 염려하라 진실로 네게 이르노니 네가 한 푼이라도 남김이 없이 다 갚기 전에는 결코 거기서 나오지 못하리라" (마5:23-26)

2-2 용서를 구하는 과정

1) 당신이 무엇을 잘못했는지, 그리고 그 이유를 다 적어보자.

_____
_____
_____

2) 그가 당신을 어떻게 용서해 주기를 바라는지 다음 순서에 따라 확실하게 하라.
   a. 당신의 행동이 '잘못된 것'임을 말하라.
   b. 당신이 무엇을 했는지 구체적으로 지적하고 받아들이라.
   c. 자기방어나 변명을 하지 말라.

d. 당신은 직접적으로 "저를 용서해주시겠습니까?"라고 말하라.

3) 그를 만날 수 있는 적합한 장소와 시간을 찾으라.

4) 당신이 대면하여 말할 수 있는 어떤 사람에게든지 개인적으로 용서를 구하라.
그러나 당신의 안전이 위험에 처할 경우는 혼자 가지 말라.

5) 다른 소통의 수단이 가능하지 않는 경우를 제외하고는 편지를 쓰지 말라.
왜냐하면 편지는 오해될 소지가 있을 뿐만 아니라 그 사람과 관련 없는 사람에게 읽혀질 수 있기 때문이다. 그리고 편지는 파기되어야 하는 경우에도 간직될 수 있다.

6) 당신이 진실하게 용서를 구했다면, 그가 당신을 용서하든 그렇지 않든 당신은 자유롭다.
(롬12:18)

7) 용서를 받았다면 상대에게 감사하고 이후에 하나님을 예배하라. (마5:24)

3. 우리 자신을 용서하기

당신 자신을 용서해야 하는 영역은 무엇입니까?

_____
_____
_____
_____
_____

> 하나님 아버지, 저는 제가 고백했던 죄들이 당신의 큰 사랑과 은혜로 말미암아 이미 용서받았고, 깨끗함을 받았다는 것을 믿습니다. 저는 이런 용서를 받을 만한 어떤 자격이나 조건이 없음을 압니다. 그래서 저는 더 이상 저 스스로를 정죄하지 않기로 선택하며, 당신의 용서를 받아들이기로 선택합니다.
> 예수님의 이름으로 기도합니다. 아멘

4. 하나님과 화해하기

하나님과 화해해야 하는 영역은 무엇입니까?

_____
_____
_____
_____
_____

> 하나님 아버지, 저는 이루어지지 않는 기대들, 그리고 주님을 향하여 가졌던 원망과 분노를 포기하기를 선택합니다. 그리고 주님을 제 마음으로부터 해방시켜 드립니다. 저는 주님께서 저를 사랑하신다는 것과 저에게 좋은 것들을 주시기를 원하신다는 것 (마7:9-11)을 믿기로 선택합니다.
> 예수님의 이름으로 기도합니다. 아멘

Step4-1

염려

• **들어가는 기도**

하나님 아버지, 저를 주 예수 그리스도의 보혈로 값 주고 사시고, 당신의 자녀삼아 주셔서 감사합니다. 아버지, 당신은 내 마음의 생각과 동기를 아시며, 내가 처한 상황을 처음부터 끝까지 다 알고 계십니다.
그래서 하나님을 의지하고 신뢰해야 함에도 불구하고, 제 마음은 하나님보다 다른 것들을 붙들려고 합니다.
하나님, 저의 마음과 생각을 평강으로 지켜주시옵소서.
하나님 아버지, 당신의 돌보심과 채워주심을 신뢰하기로 선택합니다.
예수님의 이름으로 기도합니다. 아멘

• **염려 다루기**

사람들은 특정한 결과에 대해 불확실하거나 내일 무슨 일이 일어날지 모르기 때문에 염려하곤 한다.

어떤 사람들은 끊임없고 지나친 염려로 인해 전전긍긍하며 살아간다. 그들은 많은 걱정들로 실랑이를 하고, 엄청난 시간과 에너지를 소모한다.

우리가 다가오는 시험, 계획된 행사에의 참석 혹은 임박한 폭풍우의 위협 등 구체적이고 실제적인 사실에 관하여 염려한다면 그러한 염려(concerns)는 지극히 정상적이며 책임 있게 대처하며 행동해야 할 것이다.

그러나 끈질긴 염려가 당신의 삶에 문제라면, 다음의 염려 작업표를 작성하여 보라. 이것을 통해 당신을 돌보시는 그리스도께 당신의 염려를 맡기는데 도움을 받을 것이다.

염려 작업표

1. 염려가 되는 문제를 진술하라

▶ 염려의 문제를 잘 진술하기만 해도 절반은 해결된 것이다. 마음이 염려에 휘감겨 있을 때는 사람들은 숲은 보지만 나무는 보지 못한다. 올바른 분별력으로 문제를 헤쳐 보자. 일반적으로 걱정하는 과정이 더 큰 피해를 입는다. 염려하는 사람들은 단순히 그들의 문제를 명확하게 하고 바른 관점으로 보는 것만으로도 엄청난 안도감을 갖게 될 것이다.

2. 가정들로부터 사실들을 분리하라

▶ 무슨 일이 일어날지 모르기 때문에, 우리는 가정하며 염려할 수 있는데, 문제는 가장 나쁜 경우를 가정하려는 경향이다. 게다가 가정이 사실이라고 받아들이는 경우는 염려의 극단까지 몰아갈 수 있다. 만일 당신이 내일에 관하여 부정적으로 추측한다면, 당신은 부정적인 결과들 혹은 스트레스와 염려로 고통을 받게 될 것이다.
"근심이 사람의 마음에 있으면 그것으로 번뇌하게 된다." (잠12:25)

▶ 그러므로 가능한 한 최선을 다하여 모든 가정들을 사실에 근거하여 검증하라.

1> 상황에 관련된 사실들

2> 상황에 관련된 가정들

3> 각 가정을 사실에 근거하여 검증할 수 있는가?

3. 당신이 통제할 수 있는 것이 무엇인지 분별하라.

1> 개인적인 책임의 문제로서 통제할 수 있는 것

2> 통제할 수 없는 것

4. 당신의 책임이 무엇인지를 열거하라.

▶ 당신이 통제할 권리나 능력을 가지고 있는 것을 열거해 보라. 당신은 통제할 수 있는 권리와 능력이 있는 것에 대해서만 책임이 있다. 당신이 통제할 수 없는 것에 대해서는 책임이 없다.

5. 만일 당신이 자신의 책임을 다했으면, 나머지는 하나님께서 책임지실 것이므로 그 분께 맡기라!
만일 당신이 책임 있는 삶을 살고 있지 않다면, 당신은 염려를 느낄 것임이 틀림없다! 이 경우, 당신 스스로 책임을 지라! 그러나 당신의 염려를 그분께 맡겨 버리라.

6. "아무 것도 염려하지 말고 다만 모든 일에 기도와 간구로, 너희 구할 것을 감사함으로 하나님께 아뢰라. 그리하면 모든 지각에 뛰어난 하나님의 평강이 그리스도 예수 안에서 너희 마음과 생각을 지키시리라." (빌4:6-7)
당신이 책임 있고 의로운 삶을 살고 있다면, 그분은 신실하게 당신의 필요를 채우실 것이다.

• 기도

기도는 당신의 모든 염려를 그리스도께 맡겨버리는 첫 번째 단계이다. 바울이 말한 것을 기억하라. "아무것도 염려하지 말고 다만 모든 일에 기도와 간구로, 너희 구할 것을 감사함으로 하나님께 아뢰라." (빌립보서4:6)

다음 기도문을 소리내어 올려드림으로써 하나님께 당신을 인도해 주시도록 요청하라.

◎ 믿음의 기도

사랑의 아버지 하나님,
저는 주 예수 그리스도의 보혈로 값 주고 산 당신의 자녀로서 주 앞에 나아갑니다.
저는 제가 하나님께 의존적인 존재임을 선언하며 당신이 저에게 절실함을 인정합니다.
저는 그리스도를 떠나서는 아무것도 할 수 없음을 알고 있습니다.
하나님께서는 제 마음의 생각들과 의도들을 알고 계시며, 제가 처한 상황의 처음부터 끝까지 알고 계십니다. 그러나 저의 마음은 염려로 요동합니다. 그래서 저의 마음과 생각을 지키기 위해서 하나님의 평강이 필요합니다.
저는 하나님 앞에서 제 자신을 겸손하게 낮추고, 하나님께서 택하시는 적절한 시간에, 하나님의 방법으로 저를 높이실 것을 신뢰하기로 선택합니다.
저는 하나님께서 당신의 부요함을 따라 내 모든 필요들을 공급하시고, 모든 진리 가운데로 저를 인도하신다는 것을 믿습니다.
하나님! 제가 성령의 능력 안에서 저의 소명을 성취할 수 있도록, 부름받은 삶을 믿음으로 책임 있게 살 수 있도록 도와주시길 기도합니다.
"하나님이여, 나를 살피사 내 마음을 아시며, 나를 시험하사 내 뜻을 아옵소서. 내게 무슨 악한 행위가 있나 보시고 나를 영원한 길로 인도하옵소서." (시139:23-24)
예수님의 귀하신 이름으로 기도합니다. 아멘

두려움

• **들어가는 기도**

하나님 아버지, 저를 주 예수 그리스도의 보혈로 값주고 사셔서, 당신의 자녀로 삼아주심에 감사합니다. 저는 제 자신을 당신의 보호와 돌보심에 맡겨드리며, 제 인생에 유일한 두려움의 대상이 하나님 당신임을 믿습니다. 지난 삶을 돌아볼 때 제 자신의 힘과 자원을 의지하고, 하나님에 대한 불신으로 인해 두려움과 염려의 삶을 살았음을 회개합니다.

하나님, 저는 당신이 제게 주신 것이 두려워하는 마음이 아니라 능력과 사랑과 절제하는 마음이라는 것을 믿기로 선택합니다(딤후1:7). 그러므로 저를 두렵게 하는 마음을 포기합니다. 그동안 저를 통제해 왔던 두려움들을 하나님께서 제 마음 가운데 깨닫게 해주시기를 기도합니다. 제가 어떻게 두려워하게 되었는지 그리고 제가 믿어왔던 거짓말들이 무엇인지를 보여주시옵소서. 그리하여 하나님 안에서 믿음으로 모든 두려움을 내려놓고, 극복할 수 있도록 도와주시기를 구합니다.

예수님의 이름으로 기도합니다. 아멘

• **두려움 다루기**

① 하나님의 인도하심 아래 당신의 두려움을 찾으라(당신과 관련된 모든 것들에 V 하라).

- ☐ 사탄에 대한 두려움
- ☐ 이혼에 대한 두려움
- ☐ 대적에 대한 두려움
- ☐ 미치게 될 것에 대한 두려움
- ☐ 결혼에 대한 두려움
- ☐ 사랑하는 사람의 죽음에 대한 두려움
- ☐ 미래에 대한 두려움
- ☐ 사람들에게 거절당할 것에 대한 두려움
- ☐ 동성연애자가 될 것에 대한 두려움
- ☐ 죽음에 대한 두려움
- ☐ 하나님의 사랑을 받지 못할 것에 대한 두려움
- ☐ 사람들로부터 결코 사랑을 받지 못할 것에 대한 두려움
- ☐ 절망적인 일이 닥칠 것에 대한 두려움
- ☐ 다른 사람들을 사랑하지 못할 것에 대한 두려움
- ☐ 대면할 때의 두려움(사람 혹은 사물)
- ☐ 범죄의 희생물이 될 것에 대한 두려움

☐ 결코 결혼하지 못할 것에 대한 두려움　　☐ 용서받지 못할 죄를 지을(혹은 지은) 것에 대한 두려움
☐ 인정받지 못할 것에 대한 두려움　　☐ 결코 자녀들을 가지지 못할 것에 대한 두려움
☐ 당황하게 될 것에 대한 두려움　　☐ 구체적인 사람들, 동물들, 사물들에 대한 두려움
☐ 실패에 대한 두려움　　☐ 하나님께서 생각나게 하시는 다른 두려움들

② 각 두려움을 처음 경험한 것은 언제였는가?

③ 두려움을 가지게 된 계기가 된 사건은 무엇인가? 이후로 당신의 두려움은 어떤 사람 혹은 어떤 일들로 인해 강화되었는가?

④ 각 두려움 이면에 있는 거짓말은 무엇이라고 생각하는가?

⑤ 당신이 하나님 안에서 믿음으로 살기보다 두려움의 통제 아래 살아오고 있었던 일들이 무엇이 었는지를 생각해 보라.
　1) 당신은 두려움을 느낄 때 주로 어떻게 반응하고 행동했는가?

　2) 두려움이 당신의 삶에 끼친 영향은 어떤 것들인가?
　　(1) 사람과의 관계에 대하여
　　(2) 일에 대하여
　　(3) 세상의 불의에 대하여
　　(4) 예수님을 다른 이들에게 전하는 일, 신앙과 교회 소개에 있어 미친 영향

• 두려움 극복하기

1. 두려움이 당신의 삶을 통제하도록 허용했던 능동적인 혹은 수동적인 일을 회개하라. 그리고 의롭고 책임 있는 삶을 살기로 하나님께 헌신하라.

2. 기도하는 마음으로 책임감 있는 행동 계획을 세우라. 두려움의 대상들에게, 어떻게 반응할지 당신이 미리 결정하라.

3. 성령의 능력으로 행동 계획을 실행하기로 헌신하라.

◎ **두려움을 버리는 기도**

하나님 아버지, 저는 _____에 대한 두려움을 고백하며 회개합니다.

저는 _____는 거짓말을 믿어왔습니다.

저는 그런 거짓말을 포기 선언하며, 하나님께서 책임지시고 보호하실 것이라는 진리를 믿기로 선택합니다. (시27:1)

그리고 이 두려움으로 인해서 삶에 무책임해왔던 것과 그리스도인임에도 삶을 타협해 왔음을 고백하며 회개합니다. 아버지, 당신의 약속대로 저를 보호해주시옵소서. 저는 하나님 아버지께서 저의 삶을 붙들어 주시고, 책임져 주신다는 것을 믿기로 선택합니다. (마6:33-34)

예수님의 이름으로 기도합니다. 아멘

◎ **신뢰의 기도**

하나님 아버지, 당신은 참으로 신뢰할 만한 분이십니다. 비록 제 감정과 상황이, 저에게 두려워하라고 말하고 있을 때조차도, 저는 하나님을 신뢰하기로 선택합니다.

당신은 저와 함께 하시므로 두려워하지 말라고 하신 말씀과, 당신이 제 하나님이시기에 염려하지 말라고 하신 말씀을 신뢰하기로 선택합니다.

하나님께서 저에게 힘주시고, 저를 도우시며, 당신의 의로운 오른손으로 저를 붙드실 것을 믿습니다. (사41:10)

예수님의 이름으로 기도합니다. 아멘

Step4-2

하나님의 권위에 순복하기

거역 vs 순복

• **들어가는 기도**

하나님 아버지, 하나님께서는 거역하는 것은 점을 치는 죄와 같고, 고집을 부리는 것은 우상을 섬기는 죄와 같다고 말씀하셨습니다(삼상15:23). 저는 하나님만이 아니라 하나님께서 제게 권위로 주신 사람들을 향하여 마음으로 태도나 행동으로 거역해 왔습니다. 저의 거역의 죄를 용서해 주십시오.

하나님, 제가 지금까지 거역했던 대상들과 그들을 대했던 구체적인 방식을 깨닫게 해주시기를 기도합니다. 그래서 이 죄로부터 자유케 되길 원합니다.

예수님 이름으로 기도합니다. 아멘

• **권위의 대상들**(당신과 관련된 모든 것들에 V 하라).

☐ 교통법규, 세금 관련 법, 공무원들을 포함한 정부기관
 (롬13:1-7; 딤전2:1-4; 벧전2:13-17)
 구체적인 거역의 방식 : _____

☐ 부모, 양부모, 법적 보호자 등 (엡6:1-3)
 구체적인 거역의 방식 : _____

☐ 선생님 혹은 학교의 다른 직원들 (롬13:1-4)
 구체적인 거역의 방식 : _____

☐ 고용자 혹은 직장 상사(과거 또는 현재) (벧전2:18-23)
 구체적인 거역의 방식 : _____

☐ 남편(벧전3:1-4) 또는 아내 (엡5:21; 벧전3:7)
　　구체적인 거역의 방식 : _____

☐ 교회 지도자들 (히13:7)
　　구체적인 거역의 방식 : _____

☐ 하나님 (단9:5, 9)
　　구체적인 거역의 방식 : _____

◎ **순복의 기도**
하나님, 저는 _____을(를) 향하여 _____함으로써(구체적으로 무엇을 했는지 고백하라) 거역했음을 고백하며 회개합니다. 저는 지금 하나님의 권위와 하나님께서 세우신 권위에 순복하기로 선택합니다. 예수 그리스도의 흘리신 보혈로, 저의 거역으로 인해 제 인생에 악한 영들이 차지한 모든 발판들이 무효화되기를 기도합니다.
예수님의 이름으로 기도합니다. 아멘

Step5

하나님 의지하기
교만 vs 겸손

• **들어가는 기도**

하나님 아버지, 하나님께서 교만은 패망의 선봉이요 거만한 마음은 넘어짐의 앞잡이라고 말씀하셨습니다. 그러나 저는 제 자신을 부인하며, 겸손하게 살아가기 보다는, 교만하게 나보다 남을 낮게 여겼습니다. 그리고 하나님의 뜻보다 제 뜻을 앞세우고, 하나님보다는 자기중심적인 삶을 살아왔습니다. 결국, 이로 인해 제 삶에 마귀가 역사할 틈을 내어 주었습니다. 저의 죄를 용서하여 주시옵소서.

하나님, 구하는 것은 지난 제 삶 속에서 교만하게 살아왔던 구체적인 일들을 보여주시옵소서.

그리고 앞으로 저는 교만하기보다는 겸손으로, 나보다 남을 낮게 여기며, 저 자신의 뜻보다는 하나님의 뜻을 따르기를 선택합니다.

예수님의 이름으로 기도합니다. 아멘
(잠16:18; 마6:33; 16:24; 롬12:10; 빌2:2-4)

• **교만했던 삶의 영역 (당신과 관련된 모든 것들에 V 하라).**

☐ 하나님의 뜻보다는 자신의 뜻을 행하려는 의지를 더 강하게 가짐
☐ 하나님의 인도를 구하기보다는 자신의 지식과 경험에 너무 많이 의지함
☐ 성령의 능력에 의지하는 대신 자신의 힘과 능력에 의지함
☐ 다른 사람이 자율적으로 행하게 하기보다는 다른 사람을 통제하기를 더 좋아함
☐ 중요한 일들을 하는데 너무 바빠서 다른 사람을 위한 작은 일들을 할 시간이 없음
☐ 자신에게는 아무런 필요가 없다고 생각하는 경향
☐ 자신의 잘못을 받아들이기를 어려워함
☐ 하나님을 기쁘시게 하기보다는 사람들을 기쁘게 하는데 더 많은 관심을 가짐
☐ 마땅히 받을만하다고 여겨지는 칭찬이나 인정에 지나치게 관심이 많음
☐ 학위라든가 직책 혹은 지위로부터 오는 인정을 얻기 위해 지나치게 애씀
☐ 자신의 필요가 다른 사람들의 필요보다 더 중요하다고 느낌

☐ 자신의 능력이나 업적 때문에 다른 사람들보다 자신이 더 낫다고 생각함
☐ 자신을 실제보다 더 높이 생각하려는 기타의 방식들

> ◎ **교만을 내려 놓는 기도**
>
> 하나님, 저는 _____ 부분에서 그동안 교만하였음을 인정합니다.
> 저의 교만을 용서하여 주시옵소서. 저는 하나님과 사람들 앞에서 스스로 낮추어 겸손하기를 선택합니다. 그리고 하나님 안에서만 자랑하기로 결단합니다.
> 예수님의 이름으로 기도합니다. 아멘!

편견과 아집 다루기

• **들어가는 기도**

하나님 아버지, 하나님께서는 모든 사람들을 동등하게 사랑하시되 편애하시지 않으심을 압니다. 그러하기에 당신께서는 어떤 나라의 사람들이든지, 하나님을 경외하고 옳게 행하는 사람들을 받으신다고 말씀하셨습니다. 그래서 하나님은 사람들을 피부 색깔이나, 경제적인 형편, 민족적 배경, 성별, 학벌, 지역, 종파에 따라 판단하지 않으십니다. 그러나 저는 너무나 자주 다른 사람들에게 편견을 가져왔고, 저 자신이 그들보다 낫다고 생각해왔음을 고백합니다.

저는 평화의 사자가 되기보다는, 저의 태도와 말, 행위들을 통해서 교만한 분열의 도구가 되어 왔습니다. 저의 모든 가증스러운 아집과 교만한 편견을 고백하며 회개하오니 용서하여 주시옵소서.

하나님, 지난 삶 속에서 저의 마음과 생각을 부패하게 했던 이런 아집과 교만, 편견이 있었는지를 구체적으로 깨닫고 회개로 나아가게 하옵소서.

예수님의 이름으로 기도합니다. 아멘 (행10:34; 고후5:16)

편견과 아집의 대상	내용
_____	_____
_____	_____
_____	_____
_____	_____
_____	_____

◎ **편견과 아집을 내려놓는 기도**

저는 _____(개인 혹은 집단)에 대해 _____편견과 아집을 가지고 있었음을 고백합니다. 회개하오니 저의 죄를 사하여 주옵소서. 하나님, 이 시간 구하옵기는 저의 마음을 변화시켜 주셔서, 저를 _____(개인 혹은 집단)와의 화해의 도구로 사용하여 주옵소서.

예수님의 이름으로 기도합니다. 아멘

Step6

사슬 끊기
속박 vs 자유

• 들어가는 기도

하나님 아버지, 주께서 "오직 주 예수 그리스도로 옷 입고 정욕을 위하여 육신의 일을 도모하지 말라(롬13:14)"라고 말씀하셨습니다. 그러나 저는 그동안 제 영혼을 대적하며 싸우는 육신의 정욕에 굴복해 왔음을 고백합니다. 이를 통해 사탄으로 하여금 제 안에서 싸울 기회를 제공하였습니다. 저의 죄를 사하여 주시고, 저로 하여금 죄의 굴레들로부터 자유로울 수 있도록 도와주시옵소서.

하나님, 구하는 것은 제가 범했던 육신의 죄들과 성령님을 근심케 했던 일들이 제 마음에 생각나게 해주시옵소서. 예수님의 이름으로 기도합니다. 아멘

(잠28:13; 롬6:12-13; 13:14; 고후4:2; 약4:1; 벧전2:11; 5:8)

※ 속박되었던 삶의 영역 (당신과 관련된 모든 것들에 V 하라)

- ☐ 도둑질(돈, 물건, 권리, 명예, 시간, 능력)
- ☐ 시기와 질투
- ☐ 판단함
- ☐ 정욕적인 생각과 행동
- ☐ 경쟁심
- ☐ 무관심과 게으름
- ☐ 분노
- ☐ 술취함
- ☐ 뒷담화와 중상모략
- ☐ 탐욕과 물질주의
- ☐ 기타 : _____
- ☐ 싸움과 다툼
- ☐ 불평과 비판
- ☐ 냉소적인 태도
- ☐ 미루는 버릇
- ☐ 거짓말
- ☐ 미움과 증오
- ☐ 사기
- ☐ 맹세

◎ 속박을 끊는 기도

하나님 아버지, 저는 _____의 죄를 범하였음을 고백하며 회개합니다.
저를 용서하시고, 하나님께 순종하는 삶을 살 수 있도록 힘을 주시옵소서.
예수님의 이름으로 기도합니다. 아멘

성적 부도덕 끊기

• **들어가는 기도**

하나님 아버지, 제가 그동안 저의 몸을 성적인 면에서 불의의 병기로 사용한 적이 있다면 그것들을 기억하게 해주십시오. 예수님의 이름으로 기도드립니다. 아멘

성적 속박을 끊는 기도	내용
_____	_____
_____	_____
_____	_____
_____	_____
_____	_____

◎ **성적 속박을 끊는 기도**

하나님, 저는 _____(상대방의 이름)과 가진 _____(당신의 몸을 성적으로 사용한 구체적인 내용)을 회개합니다.
구하오니 저의 죄를 사하여 주시고, _____(상대방의 이름)와 죄악된 유대관계를 끊어주시옵소서.
예수님의 이름으로 기도합니다. 아멘

◎ **헌신의 기도**

하나님, 저는 그동안 제 몸을 의도적으로 불의의 병기로 사용했던 모든 것을 회개하며 내려놓습니다. (히13:4)
저의 눈과 입, 마음, 손, 발 및 성적 기관들을 의의 도구로 하나님께 드립니다. 그리고 저는 제 몸을 성적으로 결혼 관계만을 위하여 사용하기로 선택합니다.
간구하오니 이 죄로 말미암아 사탄이 제 삶 속에 가져다준 모든 속박을 끊어주시옵소서.
사탄이 제가 저지른 성적인 죄로 말미암아 저의 몸이 정결하지 않고 더럽다고 하는 거짓말을 대적합니다.
하나님께서 예수 그리스도의 십자가의 피로 저를 용서하시고 정결케 해주심으로 인해 감사드립니다.
그리고 주님이 이런 저를 받아주셨듯이 저도 저를 용납하기로 선택합니다.
예수님의 이름으로 기도합니다. 아멘

• 구체적인 필요들을 위한 기도들

▶ 거식증 혹은 자해

하나님, 저는 인간으로서 저의 가치가 외모나 성취에 달려있다는 거짓말을 대적합니다. 그리고 제 자신을 자해 혹은 가학했던 것, 고의적인 구토, 저 자신을 통제하기 위해서 설사약을 복용하거나 굶는 등 건강하지 않은 방법으로 제 외모를 바꾸려 했던 것을 회개합니다. 저의 죄를 용서하시고 예수님의 보혈로 저를 깨끗게 하소서. 하나님께서 저를 예수 그리스도의 피 값으로 사시고, 자유케 하시며, 제 몸을 당신이 거하시는 성전으로 삼아주심을 믿습니다. 그리고 제가 악하다거나 혹은 제 몸의 일부가 악하다는 거짓말을 대적합니다. 하나님께서 저를 그리스도 안에서 이 모습 그대로 용납해 주심으로 인해 감사드립니다.
예수님의 이름으로 기도합니다. 아멘!

▶ 성취주의 및 완벽주의

하나님 아버지, 저는 저의 가치가 성취하는 능력에 달려 있다는 거짓말을 대적합니다. 저의 정체성과 존재감은 그리스도 안에서 발견된다는 진리를 선포합니다. 저는 다른 사람들의 인정과 용납을 추구하는 것을 포기합니다. 대신에 저를 위한 그리스도의 죽음과 부활로 인해, 제가 그리스도 안에서 이미 인정받고 용납 받았음을 믿기로 선택합니다. 그리고 저는 저의 어떤 의로운 행위로가 아니라 하나님의 은혜로 구원받았다는 진리를 믿기로 선택합니다. 저는 그리스도께서 저를 위한 저주가 되셨으므로 제가 더 이상 율법의 저주 아래 있지 않다는 것을 믿기로 선택합니다. 저는 율법적인 면에서 완전을 향해 노력하는 것을 포기 선언하며, 그리스도 안에 거하기로 선택합니다.
예수님의 이름으로 기도합니다. 아멘!

▶ 이혼

하나님 아버지, 저는 저의 이혼에 있어서 저의 잘못을 인정하며, 주님의 용서를 구합니다. 주님께서 저를 그리스도 안에서 받아주셨듯이, 저도 제 자신을 더 이상 정죄하지 않으며 용납하기로 선택합니다. 저는 이혼이 그리스도 안에서 저의 자녀 됨에 영향을 미친다는 거짓말을 대적합니다. 제가 이류 그리스도인이라는 거짓말을 대적합니다. 제가 무가치하고 사랑받을 만하지 않다는 거짓말을 대적합니다. 저의 인생이 공허하고 의미가 없다는 거짓말을 대적합니다. 저는 저의 모습 이대로 사랑하시고 받아주시는 그리스도 안에서 온전합니다. 하나님 아버지, 저에게 상처를 준 사람들을 용서하기로 선택하며, 제 인생의 상처들을 주님의 치료의 손에 올려드립니다. 저는 제 인생의 미래가 하나님께 달려있으며, 교회 안에서 친구관계를 찾기로 선택합니다.

제가 다시 결혼해야 하는지에 대해서는 하나님의 뜻에 순복하기로 선택합니다.
예수님의 이름으로 기도합니다. 아멘!

▶ 동성연애
하나님 아버지, 저는 하나님께서 저 혹은 다른 사람을 동성연애적 경향을 지니도록 창조하였다는 거짓말을 대적합니다. 그리고 하나님께서 말씀을 통해 동성연애적인 행위를 금하셨다는 것을 인정합니다. 저는 제 자신을 하나님의 자녀로서 받아들이기로 선택하며, 하나님께서 저를 남자(혹은 여자)로 창조하셨음을 감사합니다. 저는 모든 동성연애적인 생각들, 제안들, 충동들 그리고 행동들을 회개하며 포기 선언합니다. 그리고 사탄이 이런 것들을 사용하여 제 인간관계를 왜곡시켰던 속박들로부터 예수 그리스도의 이름으로 자유를 선포합니다. 저는 그리스도 안에서 하나님이 의도하신 방법으로 이성과 관계 맺을 수 있는 자유가 있음을 선포합니다.
예수님의 이름으로 기도합니다. 아멘!

▶ 낙태
하나님 아버지, 저는 하나님께서 제게 맡기신 생명에 대해 돌보며 보호하는 자가 아니었음을 고백하며 회개합니다. 저의 죄를 용서하여 주옵소서. 하나님 당신의 용서로 인해 제가 제 자신을 용납할 수 있음을 감사합니다. 저는 그 아이가 당신의 돌보시는 영원한 손길 아래 있음을 받아들입니다.
예수님의 이름으로 기도합니다. 아멘!

▶ 자살 성향
하나님 아버지, 저는 자살적인 생각들과 자살하려고 행했던 모든 시도들을 회개하며 포기 선언합니다. 저의 죄를 용서하여 주옵소서. 저는 인생이란 소망이 없고, 자살을 함으로 자유와 평화를 누릴 수 있다는 거짓말을 대적합니다. 도적질하고 죽이고 멸망시키러 온 사탄의 의도를 대적하며, 생명을 주시고 더욱 풍성히 주시기 위해 오신 그리스도 안의 삶을 선택합니다.
(요10:10)
하나님 아버지, 당신의 용서로 인해 제가 제 자신을 용서하기로 선택하며 감사합니다. 그리고 그리스도 안에 언제나 소망이 있다는 진리를 선택하기로 결단합니다.
예수님의 이름으로 기도합니다. 아멘!

▶ 약물 오용과 남용
하나님 아버지, 저는 (술, 담배, 음식, 약, 마약 등)을 쾌락의 목적으로, 현실을 도피하고 어려운

문제들을 극복하기 위한 방편으로 사용해 왔음을 고백합니다. 저는 저의 몸을 남용하였고, 저의 마음을 해로운 방식으로 조작하였음을 고백합니다. 그리고 이것을 통해 성령의 감동을 소멸하였음을 고백합니다. 저의 죄를 용서하여 주옵소서. 주님, 저는 남용을 통해 내 인생에 영향력을 미치고 있는 사탄의 모든 권세와 속임을 대적합니다. 그리고 제 근심과 어려움을 저를 사랑하시는 그리스도께 의탁하기로 선택합니다. 성령님, 저를 인도하시고, 저에게 힘과 능력을 주옵소서.
예수님의 이름으로 기도합니다. 아멘!

Step 7

새로운 피조물로 살기
저주 vs 축복

• **들어가는 기도**

하나님 아버지, 하나님께서 이 시간 제 마음속에 저와 저희 가족에 끼치고 있는 조상들의 죄들의 악한 영향력을 깨닫게 해주시기를 기도합니다. 저는 그러한 모든 영향력들에서 자유롭게 되기를 원하며, 하나님의 자녀로서 그리스도 안에서 새로운 신분으로 살기를 소원합니다. 예수님의 이름으로 기도합니다. 아멘

• **조상들의 죄의 악한 영향력을 열거하라.**

1. _____
2. _____
3. _____
4. _____
5. _____
6. _____
7. _____
8. _____
9. _____
10. _____

◎ **조상들의 죄의 악한 영향력을 끊는 선포**

나는 지금 이 자리에서 나의 모든 조상들의 죄를 거부하며 그것이 그리스도 안에서 나와 아무런 관계 없음을 선언합니다. 나는 조상들의 죄들과 그 악한 영향력들로부터 예수 그리스도의 보혈의 능력으로 자유케 되었음을 선포합니다.

흑암의 권세에서 하나님의 아들, 예수 그리스도의 나라로 옮겨진 나는 사탄이 내 조상들의 죄와 영향력을 통해 내게 지배력을 행사하려는 것이 그리스도 안에서 아무런 효력이 없음을 선포합니다.

예수 그리스도와 함께 십자가에 못 박히고 부활하여 그리스도와 함께 하늘에 앉아 있는 자로서, 나는 나 자신과 나의 사역을 향한 모든 저주들을 예수 그리스도의 이름으로 무력화하며 취소합니다. 나는 사탄과 그의 모든 세력들에게 그리스도께서 십자가에서 죽임을 당하셨을 때, 그가 나를 위한 저주가 되셨음을 선포하며 사탄이 내게 소유권을 주장할지도 모를 모든 길을 거부합니다. (갈3:13)
나는 나를 피로 값 주고 사신 예수 그리스도께 속했습니다. 나는 사탄이 내게 소유권 및 권리를 주장할 수 있는 모든 제사들을 거부합니다. 나는 나 자신이 영원히 그리고 완전히 주 예수 그리스도께 바쳐졌으며, 그의 생명책에 기록되어 있음을 선포합니다.

예수 그리스도 안에서 내가 가진 권세로서 명하노니, 내 주변에 있는 주 예수 그리스도의 모든 원수들과 그 졸개들은 당장 내 곁을 떠날지어다!

나는 오늘 이후로 하나님 아버지의 뜻을 행하기 위해, 그분께 나 자신을 드립니다.
예수님의 이름으로 선포하며 기도합니다. 아멘

그리스도 안에서 나는 누구인가?

나는 중요하다!

나는 더 이상 쓸모없거나, 적합하지 않거나, 무력하거나, 소망이 없는 사람이 아니다.
나는 예수 그리스도 안에서 진실로 중요하며 특별하다.
하나님께서 말씀하신다.

- ( ) 나는 세상의 소금이며 세상의 빛이다. (마5:13-14)
- ( ) 나는 참 포도나무이신 예수님께 붙어있는 가지이며, 그의 생명의 통로이다. (요15:1,5)
- ( ) 나는 열매를 맺도록 선택되고, 세우심을 받았다. (요15:16)
- ( ) 나는 성령의 능력으로 그리스도의 증인된 사람이다. (행1:8)
- ( ) 나는 하나님의 거룩한 성전이다. (고전3:16)
- ( ) 나는 화목하게 하는 대사이다. (고후5:17-21)
- ( ) 나는 하나님의 동역자이다. (고후6:1)
- ( ) 나는 그리스도와 함께 하늘에 앉아있다. (엡2:6)
- ( ) 나는 선한 일을 하도록 지음 받은 하나님의 작품이다. (엡2:10)
- ( ) 나는 믿음으로 확신을 가지고 하나님께 담대히 나갈 수 있다. (엡3:12)
- ( ) 나는 나에게 능력을 주시는 그리스도 안에서 모든 것을 할 수 있다. (빌4:13)

나는 안전하다!

나는 더 이상 죄책감과 무방비의 상태로 고립되거나 버려지지 않는다.
나는 그리스도 안에서 전적으로 안전하다.
하나님께서 말씀하신다.

- ( ) 나는 정죄로부터 자유하다. (롬8:1-2)
- ( ) 나는 모든 것이 함께 합력하여 선을 이룬다는 것을 확신한다. (롬8:28)
- ( ) 나는 나를 향한 어떠한 참소에도 자유롭다. (롬8:31-34)
- ( ) 나는 하나님의 사랑에서 결코 끊어질 수 없다. (롬 8:35-39)
- ( ) 나는 그리스도 안에서 굳건하게 되고, 기름부음을 받고, 하나님의 소유라고 인치심을 받았다. (고후1:21-22)

(　) 나는 내 안에 착한 일을 시작하신 하나님께서 그 일을 완성하시리라고 확신한다. (빌1:6)

(　) 나는 하나님 나라의 백성이다. (빌3:20)

(　) 나는 그리스도와 함께 하나님 안에 감추어져 있다. (골3:3)

(　) 나는 두려워하는 마음이 아니라, 능력과 사랑과 절제하는 마음을 받았다. (딤후1:7)

(　) 나는 도움이 필요할 때에 하나님의 은혜와 긍휼을 받을 수 있다. (히4:16)

(　) 나는 하나님께로부터 난 자이기에 마귀는 나에게 손도 대지 못한다. (요일5:18)

나는 완전하게 용납되었다!

나는 더 이상 거부당하거나, 사랑을 받지 못하거나, 더럽지 않다.
하나님께서 나를 완전하게 용납하셨다.
하나님께서 말씀하신다.

(　) 나는 하나님의 자녀이다. (요1:12)

(　) 나는 예수님의 친구이다. (요15:13-15)

(　) 나는 의롭게 되었다. (롬5:1)

(　) 나는 예수님과 연합되어 영적으로 하나가 되었다. (고전6:17)

(　) 나는 하나님께서 값을 치르고 속죄해 주셨기에, 하나님께 속해있다. (고전6:19-20)

(　) 나는 그리스도 몸의 한 지체이다. (고전12:27)

(　) 나는 성도로서, 거룩한 자이다. (엡1:1)

(　) 나는 하나님의 자녀로 입양되었다. (엡1:5)

(　) 나는 한 성령님 안에서 하나님께 바로 나아가게 되었다. (엡2:18)

(　) 나는 그리스도 안에서 구속, 곧 나의 모든 죄들을 용서 받았다. (골1:14)

(　) 나는 그리스도 예수 안에서 충만하게 되었다. (골2:10)

이제 나는 예수 그리스도 안에서
진실로 중요하고, 전적으로 안전하며, 완전하게 용납되었다.

내가 승리할 수밖에 없는 20가지 이유

01. 왜 나는 할 수 없다고 하는가?
(   ) 나는 나에게 능력 주시는 그리스도 안에서 모든 것을 할 수 있다. (빌4:13)

02. 왜 나는 부족하다고 하는가?
(   ) 하나님께서 그리스도 예수 안에서 영광 가운데 그 풍성한 대로 내 모든 필요를 채워주실 것이다. (빌4:19)

03. 왜 나는 두려워하는가?
(   ) 하나님께서 나에게 주신 것은 두려워하는 마음이 아니라 오직 능력과 사랑과 절제하는 마음이다. (딤후1:7)

04. 왜 나는 나의 부르심을 이루기에 믿음이 부족하다고 하는가?
(   ) 하나님은 나에게 필요한 믿음의 분량을 주셨다. (롬12:3)

05. 왜 나는 연약하다고 하는가?
(   ) 하나님은 내 생명의 능력이시며, 하나님을 아는 백성은 강하여 용맹을 떨칠 것이다. (시27:1; 단11:32)

06. 왜 나는 마귀가 나의 삶을 지배하도록 허락하는가?
(   ) 내 안에 계시는 하나님은 세상에 있는 그 어떤 존재보다 크시다. (요일4:4)

07. 왜 나는 패배자라고 생각하는가?
(   ) 하나님은 항상 나를 그리스도 안에서 이기게 하신다. (고후2:14)

08. 왜 나는 지혜가 부족하다고 하는가?
(   ) 그리스도는 나에게 하나님으로부터 오는 지혜가 되시고, 하나님은 내가 지혜를 구할 때 아낌없이 주신다. (고전1:30; 약1:5)

09. 왜 나는 우울해하는가?
(   ) 나는 하나님의 인자와 긍휼, 그리고 성실하심을 기억하고 소망을 가질 수 있다. (애3:21-23)

10. 왜 나는 염려하고 초조해하는가?

(   ) 나는 나를 돌보시는 그리스도께 내 모든 염려를 맡길 수 있다. (벧전5:7)

11. 왜 나는 속박당하고 있다고 생각하는가?

(   ) 주의 영이 계신 곳에는 자유가 있다. (고후3:17; 갈5:1)

12. 왜 나는 정죄 받는다고 느끼는가?

(   ) 나는 예수 그리스도 안에 있기 때문에 결코 정죄 받지 않는다. (롬8:1)

13. 왜 나는 외롭다고 느끼는가?

(   ) 예수님은 항상 나와 함께 하시고, 나를 결코 버리거나 떠나지 않을 것이라고 말씀하셨다.
        (마28:20; 히13:5)

14. 왜 나는 저주받았고 불행한 희생자라고 느끼는가?

(   ) 그리스도께서 나를 위하여 저주를 받으사 율법의 저주에서 나를 속량해 주셨다. (갈3:13-14)

15. 왜 나는 불만족스러워하는가?

(   ) 나는 어떠한 형편에서도 자족하는 법을 배울 수 있다. (빌4:11)

16. 왜 나는 무가치하다고 느끼는가?

(   ) 하나님은 나를 대신하여 그리스도를 죄로 삼으셔서, 나로 하여금 그 안에서 하나님의 의가
        되게 하셨다. (고후5:21)

17. 왜 나는 나만 피해자라고 생각하는가?

(   ) 하나님께서 나를 위하시기에 그 누구도 나를 대적할 수 없다. (롬8:31)

18. 왜 나는 혼란스러워하는가?

(   ) 하나님은 화평케 하시는 분이시며, 내주하시는 성령을 통해 나에게 지식을 주신다.
        (고전14:33; 2:12)

내가 승리할 수밖에 없는 20가지 이유

19. 왜 나는 실패할까 두려워하는가?

(   ) 나는 모든 일에 나를 사랑하시는 그리스도로 말미암아 넉넉히 이긴다. (롬8:37)

20. 왜 나는 삶의 무게에 눌려 의기소침하게 살아가는가?

(   ) 나는 예수님께서 세상과 세상의 환란을 이미 이기셨음을 알기에 담대할 수 있다. (요16:33)

새로운 출발을 위한 반추
내적치유 기도를 위한 체크

① Step1 중에서

　(1) 끊어내야 할 비기독교적 영적 경험, 타종교, 이교, 이단 종파들, 사교(샤머니즘) 영향

　(2) 반복적으로 떠나지 않는 생각

　(3) 자신에게 있는 잘못된 우선순위 (감춰진 나만의 우상)

② Step2 중에서

　(1) 세상에 대한 거짓된 생각들 (세상의 속임)

　(2) 자기에 대한 거짓 생각들 (자기기만과 자기방어)

　(3) 하나님에 대한 왜곡된 생각

③ Step3 중에서

　(1) 아직 용서하지 못한 대상이 있다면 누구인가?

　(2) 용서하고 받는 게 미흡하다고 생각되는 대상은 누구인가?

④ Step4 중에서

   (1) 계속 깨뜨려야 할 당신 안에 있는 염려와 두려움

   (2) 쉽게 순복하지 못하는 권위들

⑤ Step5 중에서

   계속 깨뜨려야 할 나만의 교만, 편견과 아집들

⑥ Step6, Step7 중에서

   (1) 계속 기도해야 할 속박들

   (2) 여러 가지 기도가 필요한 문제들
      (거식증과 자해, 성취주의 및 완벽주의, 이혼, 동성애, 낙태, 자살충동, 약물오용과 남용 등)

   (3) 계속 기도해야 할 조상들의 죄로 인한 영향력

내적치유를 위한 7단계 기도

1. 주님의 임재를 구하고, 주님의 치유를 의뢰하라.

2. 하나님의 은혜를 가로막는 죄, 용서하지 못한 마음, 상한 감정들을 고백하고 영적 장애물을 최대한 없애라.

3. 정직하게 자신의 내면의 문제를 말씀드리고, 주님께서 치유해 주시기를 구하라.
   (1) *그리스도 안에서 자유를 위한 7 steps*에서 발견한 자기 문제를 떠올리면서 기도하라.
   (2) 7단계의 모든 항목들을 한꺼번에 기도할 수도 있고, 많으면 요일별로 하나의 항목을 가지고 기도할 수도 있다.

4. 예수 그리스도의 이름으로 치유를 선포하고, 끊고, 풀고, 무너뜨리는 기도를 올려드리라.

5. 이런 것들을 통해 당신을 틈타고 있는 악한 영들을 대적하라.
   치유를 방해하는 것이 기도할 때 나타난다면 (ex. 기도가 막힘, 몸이 아픔, 기도하기 싫어짐 등) 성령의 도우심을 구하면서 기도로 돌파하라.

6. 반대되는 것을 은총으로 구하라.

7. 주님께 감사와 찬양의 기도로 마무리 하라.

FICM (Freedom in Christ Ministries) 사역 소개

Freedom in Christ 사역은 미국 탈봇신학교 실천학부 교수로 재직하고 있었던 닐 앤더슨(Neil T. Anderson) 박사에 의해 1989년에 설립되었다(www.ficm.org). 그는 그리스도인들이 제자로 성장하는 데 있어 개인적이고도 영적인 갈등들을 극복하는 일, 특별히 그리스도 안에서 자유를 경험하며 열매 맺는 삶을 살아가는 일에 실제적인 도움이 필요함을 깨달았다. **그리스도 안에서 자유를 위한 7 steps**(The Steps to Freedom in Christ) 과정을 고안해 내었고, 진리대결로서의 영적 전투를 통해 그리스도 안에서 자유를 누리며 열매 맺는 그리스도인으로서 성장하도록 돕는 사역으로 발전시켰다. 닐 앤더슨은 이후 100여 권의 책을 저술하며 이론적 실천적 토대를 지속적으로 제공함으로써 그 사역이 크게 성장하였다.

2004년에 영국의 스티브 고스(Steve Goss)를 영입하여 함께 자료를 개발하며 국제사역을 개척하였고 2012년 스티브 고스를 국제사역 책임자로 세워 현재 45개국에서 사역을 펼치고 있다(www.ficminternational.org). **그리스도 안의 자유** 과정 외에도 그레이스 과정과 중고등부 제자훈련 그리고 리더쉽 과정인 Freed To Lead 를 개발 보급하는 등 역동적 사역을 펼쳐가고 있다.

한국에서는 2013년 스티브 고스가 한국을 방문하여 첫 세미나를 개최하면서 아름드리교회(www.ad2009.org) 중심으로 번역 작업을 진행하며 사역을 준비하여 왔다. 한국어 번역 작업을 하며 교회 사역에 반영하기까지 여러 우여곡절을 겪으며 수년의 시간을 고투한 끝에 FICM Korea 사역을 출범하게 되었다. (FICM 관련사역 문의: 070-7768-0922)

국내에 번역 소개된 닐 앤더슨의 주요저서

- 기본개념서
  『내가 누구인지 이제 알았습니다』, 죠이선교회
  『이제 자유입니다』, 죠이선교회
  『이제 시작입니다』, 죠이선교회

- 진리대결로서의 영적전투 가이드
  『영적전쟁 이렇게 하라』, 쉐키나
  『그리스도인의 특권』, 생명의 말씀사
  『그리스도 안에서 자유함을 얻었습니다』, 은성
  『사탄으로부터 우리 아이 구출하기』, 은성
  『화해』, 아가페 북스

- 견고한 요새 부수기 세부적용 가이드
  『부정적인 자아상을 극복하기 위한 내가 누구인지 이제 알았습니다』, 죠이선교회
  『중독행동을 극복하기 위한 내가 누구인지 이제 알았습니다』, 죠이선교회
  『자기 의심을 극복하기 위한 내가 누구인지 이제 알았습니다』, 죠이선교회
  『우울증을 극복하기 위한 내가 누구인지 이제 알았습니다』, 죠이선교회
  『자유함』, NCD

- 사역적 차원의 적용 가이드
  『그리스도 안에서 자유하도록 도우십시오』, 생명의 말씀사
  『교회문제 이렇게 해결하라』, 은성
  『부흥의 혁명』, 서로사랑
  『하나님의 뜻대로 인도받는 삶』, 베다니 출판사
  『신앙 밸런스』, CLC

- 기타
  『마음에 어두움을 몰아내라』, 은성
  『예수님 안에서 나는 누구일까』, 국제 윙윙스쿨

THE STEPS TO FREEDOM IN CHRIST (2017) by Neil Anderson
(ISBN: 978 1 913082 13 0)
Copyright ⓒ Neil T. Anderson

The right of Neil T. Anderson to be identified as authors of this work has been asserted by them in accordance with the Copyright, Designs and Patents Act 1988.

Published by PrayAllTheTime Press
under special permission from
Freedom In Christ Ministries International
4 Beacontree Plaza, Gillette Way
Reading RG2 0BS, UK

This Korean translation Edition ⓒ 2021 by PrayAllTheTime Press, Inc., Seoul, Republic of Korea

본서에 사용한 『성경전서 개역개정판』의 저작권은 재단법인 대한성서공회 소유이며 재단법인 대한성서공회의 허락을 받고 사용하였습니다.

이 한국어판의 저작권은 도서출판 항상기도에 있습니다.
신 저작권법에 의하여 한국 내에서 보호 받는 저작물이므로 무단 전재와 무단 복제를 금합니다.

그리스도 안에서 자유를 위한 7 Steps

발행처	도서출판 항상기도
발행일	2023년 8월 8일 초판 2쇄
지은이	닐 T. 앤더슨
번역	FICM Korea 자료개발팀
디자인	디자인파크
인쇄	공간코퍼레이션
편집/교정	손설이 외
펴낸곳	도서출판 항상기도
신고번호	제2019-000042호 (2014년 11월 19일 신고)
전화	070-7768-0922 / 010-9918-8484
e-mail	blanca01@naver.com
ISBN	979-11-967870-2-8

* 본 책의 모든 내용과 이미지, 디자인, 편집 구성에 대한 저작권은
  도서출판 항상기도에 있으며, 서면 인가 없이 복제 및 사용할 수 없습니다.